ANNALES DU MUSÉE GUIMET

# REVUE

DE

# L'HISTOIRE DES RELIGIONS

PUBLIÉE SOUS LA DIRECTION DE

## M. JEAN RÉVILLE

AVEC LE CONCOURS DE

MM. E. AMÉLINEAU, Aug. AUDOLLENT, A. BARTH, R. BASSET, A. BOUCHÉ-LECLERCQ, J.-B. CHABOT, E. CHAVANNES, E. DE FAYE, G. FOUCART, A. FOUCHER, Comte GOBLET D'ALVIELLA, I. GOLDZIHER, L. LÉGER, Israel LÉVI, Sylvain LÉVI, G. MASPERO, Ed. MONTET, F. PICAVET, C. PIEPENBRING, Albert RÉVILLE, M. REVON, J. TOUTAIN, ETC.

Secrétaire de la Rédaction : M. Paul ALPHANDÉRY.

St. FERRAND

—

LES

### MIGRATIONS MUSULMANES ET JUIVES

A MADAGASCAR

PARIS

ERNEST LEROUX, ÉDITEUR

28, RUE BONAPARTE (VIe)

—

1905

# LES
# MIGRATIONS MUSULMANES ET JUIVES
## A MADAGASCAR

———

## I

### LES SUNNITES

Les manuscrits 7 et 8 du fonds arabico-malgache de la Bibliothèque nationale contiennent deux versions identiques, à quelques variantes près, d'un texte religieux que j'ai récemment publié[1]. Dans un passage consacré à la glorification du mois de Ramaḍân, l'auteur anonyme invoque successivement Adam, Noé, David, Salomon, Abraham, Ismaël, Isaac, Jacob, Kana'an, Moïse, Jethro, Jésus et Marie, le prophète Moḥammad, les Khalifes Abû Bakr, ʿOmar, ʿOthmân, ʿAlî; les deux fils de ce dernier, Ḥasan et Ḥosaïn, et enfin Abû Ḥanîfa an-Noʿmân ben Thâbit et Moḥammad ben Idrîs aš-Šafiʿî. Ces deux derniers personnages sont les fondateurs des rites orthodoxes qui portent leur nom ; celui-là est le grand Imâm, *al-Imâm al-ʿaẓam*. Malgré la mention dans cette invocation de ʿAlî et de ses deux fils, son caractère orthodoxe est évident et indéniable.

En poursuivant le dépouillement du manuscrit 8, j'ai trouvé un second texte, celui-ci inédit, qui nous fournit sur l'orthodoxie des musulmans malgaches de précieuses indica-

———

[1] *Un texte arabico-malgache du XVIᵉ siècle transcrit, traduit et annoté d'après les Mss. 7 et 8 de la Bibliothèque Nationale,* in Notices et Extraits, Paris, 1904, t. XXXVIII, p. 449-576.

1

tions. Il est intitulé الدُّعَاءُ الخَطِب *aladua Ralakatibu*[1], prière du Khaṭib : c'est une *khoṭba*. Le scribe malgache qui nous l'a conservée était un médiocre arabisant : pas une ligne n'est correctement écrite et certains mots arabes sont absolument méconnaissables ; mais on retrouve cependant sous les transformations qu'elles ont subies les formules usitées dans cette oraison spéciale. Sont mentionnés dans la *khoṭba* : le prophète et sa famille (f° 53 recto, 5 premières lignes), Abû Bakr (l. 9), ʿOmar et ʿOthmân (l. 10), ʿAïša (l. 12), Faṭima (l. 13), Ḥasan et Ḥosaïn (l. 14), *al-'ašara mubaššara*[2] (l. 16), les deux oncles du Prophète Ḥamza et Al-ʿAbbâs (l. 20), le khalife Abû Aḥmad ʿAbdallah al-Musta'ṣim bíllah (f° 53 verso, l. 1) qui est qualifié de *Amir al-Múminîn*, prince des croyants, et quelques lignes plus loin, « Son Altesse Impériale le Sultan كَاهُنَاهَذ....... fils du Sultan ʾOthmân ».

Le khalife Al-Mosta'ṣim bíllah qui fut le dernier des Abbassides de Baghdâd, a régné de 640 = 1242 à 656 = 1258. Vaincu et fait prisonnier à cette dernière date par les Mongols de Houlagou, il fut mis à mort le 14 Ṣafar 656 = 20 février 1258. Le titre de « prince des croyants » qui lui est donné dans la *khoṭba*, indique bien que les Malgaches islamisés chez lesquels elle était récitée, descendaient de musulmans sunnites. Ceux-ci avaient dû quitter Baghdâd ou le pays soumis à Al-Mosta'ṣim, pendant le règne de ce khalife, c'est-à-dire entre 1242 et 1258. Leurs descendants continuèrent à prier pour celui qui fut le souverain de leurs ancêtres et son nom a été ainsi maintenu dans l'oraison spéciale du vendredi. On ne peut, il me semble, expliquer autrement la mention du dernier khalife abbasside dans une *khoṭba* récitée à Madagascar. Le manuscrit qui nous l'a conservée n'est, il est vrai, pas daté ; mais ce document indi-

---

1) *RalaKaṭibu* est pour *Ra*, préfixe malgache de courtoisie, et *alakaṭibu*, forme malgachisée de l'arabe *al-Khaṭib*.

2) « Les dix qui ont reçu la bonne nouvelle », auxquels le Prophète avait formellement promis le paradis. *Vide infra*, à la fin du chapitre consacré aux Chiïtes.

gène est très postérieur au xiii° siècle, vraisemblablement
de la fin du xvii° ou du commencement du xviii° siècle. Les
caractéristiques de la graphie sont formelles à cet égard[1]. Il
est extrêmement probable que nous sommes en présence
non pas d'un texte original, mais de la copie d'une ancienne
*khoṭba* dont les premières rédactions ont disparu.

Une relation portugaise fournit un synchronisme qui vient
confirmer l'hypothèse d'une migration musulmane au
xiii° siècle. Le Père Luiz Marianno qui visita la côte sud-
orientale de Madagascar en 1613, a recueilli auprès du roi
Andriantsiambani lui-même, les renseignements suivants[2] :
« La paix faite, raconte le missionnaire portugais, (le roi)
nous fit part sans difficulté de ce qu'il savait des Portugais
(précédemment naufragés sur cette côte), de lui-même, de sa
caste et de ses origines. Sur la demande du Père, il raconta
sur lui-même et quelques-uns de ses parents (ce qui suit) :
il[3] n'avait rien de portugais et était originaire de Mangalor
et de la Mekke d'où étaient natifs ses ancêtres. Ceux-ci (qui
s'étaient embarqués) sur un ou plusieurs navires, s'égarèrent
et, de la côte de l'Inde, vinrent échouer à la pointe nord de

1) Flacourt (*Dictionnaire de la langue de Madagascar*, Paris, in-8, 1658, p. 4
de l'avertissement) rapporte que le *p* malgache « se transcrit en caractères arabes
par un ـڢ surmonté d'un 3. » Ce que le voyageur français a pris pour le
chiffre 3, n'est autre qu'un *techdid* vertical. On trouve des exemples de cette
notation spéciale dans le ms. 7 (cf. *Un texte arabico-malgache du* xvi° *siècle*,
p. 464, note 6); mais la transcription du *p* dans le ms. 8 est différente de la précédente et identique à celle des manuscrits modernes. Cette indication ne permet pas de faire remonter la date de rédaction du ms. 8 au delà des dernières
années du xvii° siècle.

2) *Exploração portugueza de Madagascar em 1613. Relação inedita do padre
Luiz Marianno* in *Boletim da Soc. de Geog. de Lisboa*, 1887. MM. A. et G.
Grandidier en ont donné une traduction dans le tome II de la *Collection des
ouvrages anciens concernant Madagascar* (Paris, 1904, in-8), mais leur version
du passage suivant ne me paraît pas d'une rigoureuse exactitude. Aussi ne
l'ai-je pas utilisée.

3) « *Que nada tinha dos Portuguezes, e sua origem vinha de Mangalor e
Meca, d'onde eram naturaes seus antepassados, os quaes desgarrando-se em
uma ou mais naus, da costa da India vieram a dar na ponta do norte da ilha
(Madagascar).* » *Bol. Soc. Geog. Lisboa*, 1887, p. 339.

l'île (de Madagascar [1]). Peu à peu, ils se multiplièrent et arrivèrent jusqu'à la pointe Sud. Cela avait eu lieu de nombreuses années (auparavant). Dans une branche, on comptait dix-sept générations et dans l'autre quatorze. Ainsi, sur toute la côte orientale (de Madagascar) se trouvent disséminés des gens de cette (famille). C'est exact, ajoute le Père Marianno ; les coutumes qu'ils conservent encore sont un

1) M. A. Grandidier conclut de ce passage que « les ancêtres des Zafin- dRaminia, originaires de la Mekke, sont venus à la pointe Nord de Madagascar de *Mangalore dans l'Inde* (*L'origine des Malgaches*, Paris, 1901, in-4, p. 124, note 2) ». Le texte portugais précédemment cité dit littéralement : *sòn origine vient de Mangalor et de la Mekke*. Si on adoptait l'interprétation de M. Grandidier, la relation portugaise n'aurait plus aucun sens : les ancêtres du roi Andriantsiambañi ne peuvent pas être originaires en même temps, d'un port de la côte occidentale de l'Inde et de la Mekke. Le P. Marianno n'indique, du reste, nullement que *Mangalor* soit le port indien de Mangalore. Flacourt mentionne un port de *Manguelor* ou *Mangaroro* (*vide infra*, p. 394) mais ne le situe pas davantage dans l'Inde. L'expression portugaise : *sua origem vinha* peut s'appliquer aussi bien à un nom d'homme qu'à un nom géographique. Il me semble donc possible de traduire le passage en question par : « (Andriantsiambañi raconta que) il descend (d'un personnage nommé) Mangalor et (qui est originaire de) la Mekke ». *Mangalor, Manguelor* ou *Mangaroro* n'est pas un nom géographique, comme le croit Flacourt, mais le nom d'un chef musulman immigré à Madagascar que les légendes historiques modernes appellent *RaMankararu* ou *RaMakararu* le Mekkois (Cf. mes *Musulmans à Madagascar*, t. II, Paris, 1893, in-8, chap. V; Berthier, *Rapport ethnographique sur les races de Madagascar* in *Notes, Reconnaissances et Explorations*, Tananarive, septembre 1898, in-8, p. 1115 ; A. Grandidier, *L'origine des Malgaches*, p. 139, note 1 et p. 141; Marchand, *Les habitants de la province de Farafangana* in *Revue de Madagascar*, Paris, juillet 1901, p. 483-484 ; Gabriel Ferrand, *Généalogies et légendes arabico-malgaches d'après le ms. 13 de la Bibliothèque nationale* in *Revue de Madagascar*, mai 1902, p. 387 ; enfin le manuscrit arabico-malgache dont M. E. F. Gautier a publié un extrait dans ses *Notes sur l'écriture Antaimoro*, Paris, 1902, in-8, fait également mention, p. 1, 3 et 7 d'un chef du nom de *RaMankararu* ou *RaMakaruru*). L'identité de *Mankararu* ou *Makararu* (*Ra* est un préfixe nobiliaire) avec *Mangalor, Manguelor* et *Mangararo* n'est pas douteuse. J'y verrais volontiers une dérivation de l'arabe *al-maghrūr, celui qui navigue à l'aventure, qui entreprend un voyage long et périlleux*, dont la forme malgachisée, *al-mangaruru*, est exactement le *Mangaroro* de Flacourt. Je reviendrai prochainement sur cette étymologie qui rappelle le long et périlleux voyage entrepris par le chef Mekkois. Il me suffit de faire constater ici que ni le missionnaire portugais ni Flacourt n'ont identifié explicitement ou implicitement le *Mangalor* de la légende historique malgache avec le port indien de Mangalore.

témoignage de leur origine. Ce sont des Maures (musulmans) et ils s'appellent eux-même *Solimas*[1]. Ils ont le Korân écrit en arabe, ils ont un *faquir*[2] (c'est-à-dire) un maître qui leur apprend à lire et à écrire ; ils observent le Ramaḍân. Ils ne mangent pas de porc, pratiquent la circoncision ; quelques-uns d'entré eux épousent plusieurs femmes. Ils font usage de petits écrits (en caractères arabes) qu'ils portent au cou et sur la tête. Ils sont de la couleur des Indiens, des Arabes et des Javanais. Il est vraiment étonnant de voir comment ils se sont si bien conservés jusqu'à maintenant, bien qu'ils n'aient aucune relation avec les Maures du dehors[3] ».

Si on fait remonter l'arrivée à Madagascar des ancêtres de Andriantsiambaṅi au milieu du règne de Al-Mosta'ṣim, c'est-à-dire à 1250, les dix-sept générations que comptait ce chef indigène en 1613 sont à répartir sur une période de 363 ans, soit une durée d'environ 21 ans par génération. Les Malgaches se marient très jeunes, ce chiffre moyen n'a rien d'exagéré et peut être admis sans difficulté. Les indications fournies par le missionnaire portugais et le manuscrit 8 sont dont concordantes et le synchronisme n'est pas douteux.

Andriantsiambaṅi était un prince Zafin-dRamini[4], c'est-à-dire descendant de Ramini ; Flacourt nous a conservé l'histoire légendaire du fondateur de cette dynastie arabico-

1) En malgache moderne *Silamu, musulman*, de l'arabe *Islâm*.

2) Erreur de graphie pour *faqui* ou *faquy* ainsi que l'orthographie le même auteur dans sept autres passages de sa relation. C'est l'arabe *faḳîh, jurisconsulte, homme versé dans la connaissance de la loi divine*. Cf. *Flacourt, Histoire de la grande isle Madagascar*, Paris, 1661, in-4, p. 171 : « *faquihi*, un prêtre ». M. A. Grandidier adoptant la seule mauvaise leçon de la relation portugaise et confondant *faḳih* avec *faḳir* en tire la conclusion suivante : « Il est à rappeler, dit-il (*L'origine des Malgaches*, p. 131, note 4), que les Zafin-dRaminia appelaient *fakir* (sic) les maîtres de lecture et d'écriture et les prêtres ou devins. Or, on sait que ce mot, qui en Arabie signifie *pauvre*, est employé dans l'Inde pour désigner les religieux, indous ou mahométans ». Je n'aurais pas relevé cette étymologie inexacte si son auteur n'y avait attaché une importance particulière. M. A. Grandidier voit dans ces pseudo-*fakir* un témoignage en faveur d'une migration arabe de l'Inde à Madagascar !

3) *Bol. Soc. Gcog. de Lisboa*, 1887, p. 339.

4) En malgache moderne *Zafin-dRaminia*.

malgache : « Du temps que Mahomet vivait et était résident
à la Mecque, Ramini fut envoyé de Dieu au rivage de la
Mer Rouge, proche la ville de la Mecque, et sortit de la mer
à la nage comme un homme qui se serait sauvé d'un nau-
frage. Toutefois, ce Ramini était grand prophète qui ne
tenait pas son origine d'Adam comme les autres hommes,
mais avait été créé de Dieu à la mer, soit qu'il l'ait fait
descendre du ciel et des étoiles, ou qu'il l'ait créé de l'écume
de la mer. Ramini étant sur le rivage, s'en va droit trouver
Mahomet à la Mecque, lui conte son origine dont Mahomet
fut étonné, et lui fit grand accueil. Mais lors qu'il fut question de manger, il (Ramini) ne voulut point manger de viande
qu'il n'eût coupé la gorge lui-même au bœuf, ce qui donna
occasion aux sectateurs de Mahomet de lui vouloir du mal et
même furent en dessein de le tuer à cause du mépris qu'il
faisait de leur Prophète ; ce que Mahomet empêcha, lui
permit de couper la gorge lui-même aux bêtes qu'il mange-
rait et, quelque temps après, lui donna une ses filles en
mariage, nommée RaFateme[1]. Ramini s'en alla avec sa
femme en une terre dans l'Orient nommée Mangadsini[2] ou
Mangaroro[3] où il vécut le reste de ses jours et fut grand
prince. Il eut un fils qui s'appelait RaHouroud (RaHurud), qui

---

1) De l'arabe *Faṭima*.

2) *Mangadsini* dans l'édition de 1658, *Manghadsini* et *Mangnadsimi* dans
celle de 1661. Gevrey (*Essai sur les Comores*, Pondichéry, 1870, in-8, p. 78),
pense que ce nom est une corruption de Mogadišo, le Magadoxo de la géographie moderne. Cette conjecture me paraît extrêmement vraisemblable. Il y a
d'abord lieu de rectifier l'orthographe de Flacourt. Le groupe *ds* n'existe pas en
malgache ; il faut donc corriger *Mangadsini* en *Mangadisiṇi*. Cette dernière
forme se décompose régulièrement en *Mangadisi* et le locatif suaḥili *ni* (Cf.
*Bukini* qui est un composé identique signifiant initialement *à Madagascar* et
qui a signifié ensuite et aujourd'hui encore, simplement *Madagascar*), litt. : *à
Mangadisi, Mangadisi*, c'est-à-dire *à Mogadišo* ou *Magadoxo*. La forme correcte
*Mogadišoni* est si voisine du *Mangadisini* de Flacourt que leur identification ne
me semble pas douteuse. L'escale de la migration arabe sur la côte orientale
d'Afrique est tout à fait naturelle ; il est invraisemblable *a priori* qu'elle ait
suivi un autre itinéraire.

3) *Vide suprá*, p. 392, note 1, l'étymologie de *Mangaroro*.

fut aussi très puissant, et une fille nommée Raminia, qui se marièrent ensemble et eurent deux fils : l'un nommé RaHadzi et l'autre Racoube ou Racouvatsi (Rakuba ou Rakuvatsi). RaHadzi était l'aîné et roi de la terre de Manghadsini (*sic*) ou Mangaroro. Il n'avait point d'enfants et eut dessein de faire un grand voyage par toutes les Indes[1]. Et pour cet effet fit équiper une flotte de soixante vaisseaux. Cependant donna ordre à l'éducation de son frère qui était jeune et le donna en charge à un Anacandrian (*Anak' Andriã*, prince) bien sage et bien savant nommé Amboulnor (Ambulinur[2]) qui entre autre était grand politique et universel en toutes les sciences. Avant son départ, il fit convoquer tous les Grands de son Royaume, leur proposa son dessein et leur dit que si dans un certain temps il n'était point de retour et que l'on n'eût pendant son voyage aucunes nouvelles de lui, que l'on mît son frère sur le trône, que l'on lui prêtât serment et que l'on le reconnût pour Roi. Et pour mieux désigner le temps, il fit apporter certaine sorte de bananes qui étant fouies en terre peuvent durer dix ans sans se corrompre, et les fit mettre en terre ; fit emplir sept vases de terre de jus de citron et fit aussi enfouir en terre une espèce de canne de sucre et dit : « Lorsque ces bananes seront pourries, que ce jus de citron sera par la chaleur du temps dissipé dans les vaisseaux et que ces cannes furent corrompues, et que, pendant ce temps, je ne sois pas de retour et que vous n'avez nouvelles de moi, vous pouvez élire mon frère et le reconnaître pour roi. Et aussi si vous voyez arriver mes navires avec des voiles rouges lesquelles seront toujours durant mon voyage en allant vous pouvez vous assurer de ma mort ».

« Il part avec sa flotte, il demeura plus de dix ans sans

---

1) Si RaHadzi avait été roi du port indien Mangalore, il n'eût pas été nécessaire d'armer des navires pour faire un voyage dans l'Inde.

2) De l'arabe ʿ*Abd an-nûr*, en arabico-malgache *Ambudinuru*, et, en dialecte sud-oriental, *Ambulinuru* d'où l'*Ambulnur* de Flacourt.

revenir ni sans envoyer nouvelles [1]. L'on regarde dans les
cruches, on tire les bananes de la terre et les cannes de
sucre. Le suc de citron était desséché, les bananes et les
cannes de sucre étaient corrompues. L'on élut aussitôt Racoube roi. Huit jours après son élection, la flotte de RaHadzi
arriva au port de Mangnadsimi (*sic*) et le nouveau roi était à
Manguelor ou Mangaroro autre port. Les voiles paraissaient
rouges, d'autant que les matelots n'avaient pas pensé de
mettre les voiles blanches pour faire connaître de loin que
RaHadzi vivait : ains avaient laissé les rouges. La flotte
arrivée, RaHadzi envoie savoir des nouvelles de son frère.
Racoube, nouveau roi, ayant peur de s'être trop hâté de se
faire élire appréhendant que son frère ne le fît mourir, fait
promptement équiper un grand navire, d'autres disent
trente navires, et se met en mer avec trois cents hommes,
entre lesquels étaient ses plus confidents amis et domestiques, embarque tout ce qu'il avait de richesse, or, argent
et autres choses, met la voile au vent et s'en vient le long de
la côte de la mer vers le sud. RaHadzi sachant la fuite de son
frère, ne voulut point débarquer et se met en mer à le suivre
dans un autre grand navire où il y avait trois cents hommes
et furent ainsi trois mois en mer tant que Racoube arriva à
l'île de Comoro qu'il trouva habitée. De là tire vers l'Orient [2]
et passe au nord de l'île Madagascar. Il suit en après la
côte (orientale) jusques à ce qu'il arrivât à l'embouchure

1) D'après le ms. 13 du fonds arabico-malgache de la Bibl. Nat., RaHadzi ne
resta absent que deux ans. Cf. Gabriel Ferrand, *La légende de Raminia* in
*Journ. Asiat.*, mars-avril 1902, p. 224.

2) Si la côte de l'Inde avait été le point de départ de Rakuba, la légende
devrait porter : de là, *revient* vers l'Orient. *Tirer vers l'Orient* n'implique en
aucune façon que le navire fait la même route en sens inverse. Rakuba est
arrivé du port de départ aux Comores en se dirigeant vers le Sud, il double
ensuite la pointe Nord de Madagascar en faisant de l'Est. Or, Magadoxo est à
peu près sous le même méridien que les Comores tandis que Mangalore est
trente degrés plus à l'Est que l'archipel Comorien. Sans insister autrement sur
ces indications, on doit cependant faire remarquer combien elles concordent
avec l'identification de Mangadsini avec Magadoxo.

d'une rivière nommée Harengazavac (Andrangazava), à deux
lieues de Mananzari (Manandzari), dans la province des Antavarres (Antavaratra) et là il échoua son navire, débarqua tout
son monde et toutes ses richesses et meubles. Treize jours
après, RaHadzi arriva à Lamanouffi (Lamanufi), terre des
Ambohitsmenes (Ambuhimena)[1] et là échoua aussi son
navire, là où il apprit que son frère était arrivé à Mananzari.
Il lui envoya un nommé Geofarere[2] avec quelques siens serviteurs pour lui faire savoir sa venue et pour lui témoigner
qu'il ne le poursuivait point pour le perdre, mais au contraire pour le faire revenir et l'assurer de son amitié.
Geofarere aperçut des chrétiens (?) sur le bord de la rivière
qui lavaient leurs chemises (*sic*) ; il les aborde et s'enquête
d'eux, de Racoube et des siens. Ils lui dirent qu'ils étaient
bien loin et qu'ils s'en étaient tous allés dans la terre vers les
montagnes. Il fut bien accueilli par les chrétiens qui lui
donnèrent à manger de ce qu'ils avaient et lui firent présent
de quantité de marchandises pour s'en retourner. Il est à
remarquer que ces chrétiens étaient d'un navire qui avait été
échoué à la côte et que quelques temps après, ils bâtirent du
débris du vaisseau un autre navire dans lequel ils s'en retour-
nèrent. Geofarere s'en retourne vers RaHadzi et lui rapporte
que son frère était allé loin dans la terre. RaHadzi dit que
puisqu'il avait suivi son frère si loin en mer, qu'il n'était pas
obligé d'en faire davantage. Il se tint à Lamanouffi, se maria
à la fille d'un Grand du pays de laquelle il eut des enfants ;
puis fit refaire un autre vaisseau où fit radouber le sien qu'il
avait conservé et s'embarqua dedans avec cent hommes pour
s'en retourner au lieu Mangaroro, sa patrie. De RaHadzi
sont descendus tous les (Malgaches) Blancs qui se nomment
Zafferamini (Zafin-dRamini) qui demeurent aux Ambohitsmenes, Antavarres et aux Matatanes[3]. »

1) *Am-buhi-mena*, litt. : là (où il y a) des montagnes rouges.
2) Cf. le nom arabe *Dja'far*.
3) Province de *Matatana*, en malgache moderne *Matitanana*. Cette dernière
forme date seulement du siècle dernier.

« De Racoube, on monte le long de la rivière de Mananzari jusques à Hombes (Umbi), de là à Sandranhante (Sandra-ñanto), de là s'en va jusqu'à Mananboudrou (Mañambundru), de là à Saafine (Sahafina ou Sahafini), de là à Somenga (Sua-manga), de là aux Anachimoussi (Aṇakimusi), de là à Azon-ringhets (Azundringitra[1]), là où il se maria à la fille du Grand du pays. En ce temps-là, dans la plus grande partie de la terre de l'île Madagascar, il n'y avait qu'un roi absolu qui y commandait et avait sous lui en chaque province des gou-verneurs qui étaient grands seigneurs[2]. Racoube épousa sa fille laquelle l'aima fort, jusques même qu'elle l'avertit de la mauvaise volonté qu'avait son père qui le voulait faire mourir pour avoir son or et ses richesses. Racoube commanda à ses gens et ses esclaves qui gardaient quatre cents bœufs et vaches qu'il avait achetés, d'accoutumer les bœufs à porter des paquets, ce qu'ils firent ; et comme ils furent en état de por-ter des paquets, il pria Dieu d'envoyer un sommeil à son beau-père pour trois jours, d'autres disent qu'il lui fit prendre quelque drogue, ce qui arriva et pendant ce temps, il se retira avec sa femme et tous ses gens en diligence du côté du sud de l'île. Et après plusieurs journées, il arriva à Bohits Anrian (Ambuhitr' Andriã[3] où il mourut[4] ». Flacourt donne ensuite la liste généalogique suivante des princes descendant de Azundringitra, le beau-père de Rakuba ou Rakuvatsi :

I. Azonringhets-Azundringitra[5].

II. Maaszoumare-Masumari[6].

III. Dian[7] Alivé-Andrian'Ali-be[8].

1) Azundringitra est également le nom du chef du pays.

2) Ce renseignement est infirmé par les voyageurs qui ont visité Madagascar aux XVIe et XVIIe siècles. Son inexactitude n'est pas douteuse.

3) Litt. : *à la montagne* ou *au village du roi*.

4) *Histoire de la grande isle Madagascar*, éd. 1661, p. 48-52.

5) La première leçon est l'orthographe de Flacourt ; la seconde, le même nom orthographié d'après les règles de la grammaire moderne.

6) Cf. le nom arabe *Mismâr*.

7) Abréviation de *Andriã*.

8) Litt. : *le seigneur 'Ali le grand*.

IV. Rahomado-Ra Humadu[1].
V. Dian Bahoc Ragomma-Andriambahuaka Ra Dzuma[2].
VI. Dian Savatto-Andrian-Tsahavatu.
VII. Dian Pangharen-Andriam-Pangarina.
VIII. Dian Boamasso-Andriam-Buamasu.
IX. Dian Pangarzaffe-Andriam-Pangarin-dzafi.
X. Dian Bohits-Andriam-Buhitra.
XI. Dian Missaran-Andria-Misarā.
XII. Dian Ravaha-Andrian-dRavaha.
XIII. Dian Nong-Andria-Nuñi.
XIV. Dian Arrive-Andrianarivu.
XV. Dian Tsiamban-Andrian-Tsiambañi.

D'après la légende historique précédente, les premiers ancêtres des Zāfin-dRamini seraient :

Ramini-Faṭima, RaHurud-Raminia et leurs deux fils Ra-Hadzi et Rakuvatsi[3].

Ces trois générations doivent être réduites à deux. Le prétendu mariage de Ramini avec Faṭima, la fille du prophète Moḥammad, n'a d'autre but que de faire remonter l'origine des Malgaches islamisés à un des personnages illustres de l'Islâm. Nous savons, au contraire, que Faṭima épousa ʿAlî ben Abû Ṭâlib. Il est plus vraisemblable que l'ancêtre éponyme, Ramini-Raminia, eut trois fils : RaHurud, RaHadzi et Rakuvatsi et que l'un d'eux, probablement Rakuvatsi, a donné naissance à Andringitra, son beau-père dans la légende de Flacourt. Ces deux générations ajoutées aux quatorze qui ont précédé Andriantsiambañi, donnent un total de seize générations, dix-sept avec Andriantsiambañi lui-même. C'est exactement le chiffre indiqué par ce prince au missionnaire

1) Nom propre composé du préfixe malgache *Ra* et du nom arabe *Aḥmad*.
2) De l'arabe *Djammaʿ*, celui qui réunit, rassemble.
3) Le doublet *Rakuba-Rakuvatsi* = *Rakubatsi* indique un nom arabe terminé par un *š* qui est tantôt prononcé à l'arabe = *a*, tantôt prononcé à la malgache avec la vocalisation habituelle par un *kasra* : *š*, qui doit se lire *tsi*. Je reviendrai sur ce sujet dans une note spécialement consacré à la légende de Raminia.

portugais. Le fils de Azondringitra, son petit-fils, son arrière-petit-fils et le fils de ce dernier portent des noms arabes. Ce chef peut donc avoir été lui-même converti à l'Islâm. D'après la rectification précédente, Azondringitra ne serait pas le beau-père de Rakuvatsi mais le fils de celui-ci. Son islamisation est ainsi naturellement expliquée et cette nouvelle filiation rattache directement, par son intermédiaire, Andriantsiambani à Ramini.

Dans son *Histoire de la grande isle Madagascar*, Flacourt rapporte que « les Blancs nommés Zaferamini (Zafin-dRamini) y (à Madagascar) sont venus depuis cinq cents ans[1] », et, quelques pages plus loin : « C'est en cette province (d'Anosi ou Androbaizaha) qu'habitent les Blancs qui y sont venus depuis cent cinquante ans, qui se nomment Zafferamini[2] » ; enfin au chapitre xvi : « La province d'Anossi (Anosi) dite Carcanossi ou Androbeizaha[3]....... était gouvernée par les Zafferamini avant que d'être conquise par les Français et reconnaissaient un prince auquel ils rendaient honneur non seulement comme à leur roi, mais même comme à un Dieu lequel honneur il souffrait. Il s'appelait Andian Ramach (Andrian-dRamaka[4]) et, après sa mort, Andian Maroarive (Andian Maruarivu[5]) ».

Flacourt a séjourné à Madagascar du 4 décembre 1648 au 12 février 1655. Les cinq cents ans d'ancienneté qu'il attribue aux Zafin-dRamini correspondent, comme date d'arrivée, à 1150. L'auteur de l'*Histoire de la grande isle Madagascar* traduit certainement par « 500 ans » les renseignements chronologiques fournis par les indigènes sous la forme d'un

1) P. 3 de l'avant-propos.

2) P. 5.

3) Pour l'étymologie de *Androbaizaha*, voir Gabriel Ferrand, *Trois étymologies arabico-malgaches* in *Mémoire de la Soc. de Linguistique de Paris*, 1905, p. 422.

4) Le nom propre *Maka* est très vraisemblablement la forme apocopée de *Makararu*. Nous avons plusieurs exemples d'apocopes de ce genre pour des noms propres étrangers.

5) *Loc. cit.*, p. 46.

certain nombre de générations, ainsi que le rapporte le Père Marianno. Cinq siècles constituent, en effet, une durée de temps incalculable pour un Malgache qui ignore généralement son âge et même celui de ses enfants. Le synchronisme qui résulte des renseignements fournis par le manuscrit 8, la relation portugaise et la généalogie de Andriantsiambani me semble permettre de rectifier le chiffre de Flacourt et de le réduire de cent ans[1]. Quatre siècles d'ancienneté en 1650 nous reportent à 1250, c'est-à-dire en plein règne du khalife Al-Mosta'ṣim. Cette réduction de cent ans me paraît acceptable en raison de sa concordance avec la date attestée par d'autres témoignages.

L'indication que les Zafin-dRamini se sont établis dans la province d'Anosi ou Androbaizaha vers 1500, est manifestement inexacte. Androbaizaha n'est autre que la forme malgachisée de l'arabe الربيع[3]. Ce nom est mentionné pour la première fois en 1508 par Diogo Lopez de Sequeira sous la forme *Turobaya*. Pour que les musulmans immigrés aient pu imposer un nom arabe à la province d'Anosi, faisant doublet avec le nom indigène, il fallait que leur influence fût prépondérante sur tout ce territoire. Or, à la date même qui correspondrait d'après Flacourt[2] avec celle de leur arrivée, des voyageurs européens constataient l'islamination accomplie de la côte sud-orientale. La date d'arrivée des Zafin-dRamini dans l'Anosi rapportée par Flacourt n'est donc pas à retenir.

1) Dans une lettre du 5 février 1650, le P. Nacquart qui évangélisait à cette époque les indigènes de Fort-Dauphin, rapporte que les ancêtres des Zafin-dRamini « sont venus du côté de la Perse, depuis environ 500 ans (*Mémoires de la congrégation de la mission*, Paris, 1867, in-8, p. 60) ». Le 24 août 1655, saint Vincent de Paul qui venait de recevoir quatre jeunes Malgaches envoyés à Paris par Flacourt, les recommande aux prières de ses religieux et dit au cours de son allocution : « Il y a 400 ans (*sic*) que les (indigènes) blancs se sont établis à Madagascar : ces blancs sont venus d'Ormus qui est à 8 ou 900 lieues de là. Ces Perses mahométans blancs (*sic*) y ont porté leur religion de Mahomet (*Mémoires, loc. cit.*, p. 174) ».

2) *Vide supra*, p. 400, note 3.

3) *Vide supra*, p. 400.

Je ne suis pas parvenu à identifier « le Sultan هَاهُتَّاهَذ fils du Sultan 'Othmân », dont il est question dans la *khoṭba* du manuscrit 8. Si هَاهُتَّاهَذ est un nom arabe, il a subi de telles transformations qu'il est devenu méconnaissable. En arabico-malgache, il ne peut être lu que :

> Hahutsuhaza,
> Hahutsuhaḍza,
> Hahutsuhandza,
> Hahuntsuhaza,
> Hahuntsuhadza,
> Hahuntsuhandza ;

et aucune de ces transcriptions ne peut représenter un nom indigène. Une identification est donc, pour le moment, impossible. Un seul point reste acquis : la mention du nom du Sultan هَاهُتَّاهَذ fils du Sultan 'Othmân dans une *khoṭba*, indique nettement qu'il s'agit d'un chef musulman et, dans l'espèce, du chef d'une tribu ou d'un clan islamisés de la côte sud-orientale de Madagascar.

En résumé, il résulte des renseignements fournis par le manuscrit 8, les relations portugaises et Flacourt, et de la discussion qui précède qu'une migration arabe ou plutôt — dans l'incertitude où nous sommes sur le nombre, la qualité des immigrés et sur les motifs qui les ont amenés à Madagascar — des Arabes sunnites sujets du khalife Al-Mosta'ṣim sont arrivés dans la grande île africaine vers le milieu du xiiie siècle. Ces immigrés ou leurs descendants islamisés ont colonisé la côte orientale et particulièrement la côte sud-est où leur influence a été prépondérante ainsi qu'en témoignent la topologie arabico-malgache et les traces d'islamisme encore manifestes dans les mœurs, la langue et le système graphique des Malgaches sud-orientaux. Le nom de leur ancêtre éponyme, Ramini ou Raminia, n'a pu encore être identifié : aucune des étymologies proposées n'est véritablement satisfaisante. Il est à souhaiter qu'un des manuscrits du fonds arabico-malgache de la Bibliothèque nationale nous fournisse à ce sujet une indication précise qui compléterait utilement les informations précédentes.

Flacourt parle d'un second groupe de musulmans qui seraient arrivés à Madagascar au commencement du xvi<sup>e</sup> siècle : « Les Blancs de Matatane[1] qui sont Zafferahimina (Zafin-dRamini), ont été ravallés en sorte par les Zaffecasiambou ou Casimambou (Zafin-Kazimambu) qui sont Blancs aussi, mais tous Ombiasses[2] et escrivains[3] qu'ils ne sont plus que leurs esclaves. Et depuis 25 ou 30 ans (1620-1625) que les Zaffecasimambou voyant que les Zafferahimina les voulaient maîtriser, ils les tuèrent tous et conservèrent les enfants avec les femmes auxquelles ils donnèrent de certaines îles et prairies pour habiter, où ils plantent, cultivent et nourrissent des bestiaux ; et sont appelés maintenant Ontanpasemaca (On-tam-pasi-Maka)[4], comme qui dirait *hommes venus des sables de la Mecque*, parce qu'ils sont Arabes de la Mer Rouge. Les Casimambou sont venus en cette île dans de grands canots et y ont été envoyés par le Califfe de la Mecque, à ce qu'ils disent, pour instruire ces peuples, depuis cent cinquante ans seulement. Et le principal et commandant se maria à la fille d'un grand seigneur, prince du pays de Matatane, et Nègre[5], à la charge que la lignée qui en proviendrait se nommerait du nom de cette fille qui se nommait Casimambou (Kazimambu[6]). Car c'est la coutume que dans toute cette île, du côté du sud, le nom de la lignée se prend de la femme....... Ces Zaffecasimambou ont beaucoup multiplié, enseignent à lire et l'écriture arabe, en tiennent école dans tous les villages où les enfants mâles sont pour apprendre. Ceux-ci sont plus basanés que les autres Blancs ;

1) *Vide supra*, p. 397, note 3.

2) *Ombiasa, Ombiasi*, sorcier.

3) « Ce sont ceux qui sont fort adroits à écrire en Arabe (*Histoire, loc. cit.*, p. 171) ».

4) Litt. : *les gens du sable de la Mekke*.

5) Flacourt appelle *Nègre* les indigènes de pure race malgache dont le teint est plus foncé que celui des métis arabico-malgaches.

6) Ce renseignement est inexact, car Kazimambu n'est pas un nom malgache.

mais toutefois ils sont les maîtres et les autres Blancs n'oseraient pas couper la gorge aux bêtes, ni même aux volailles, quoiqu'elles soient à eux; mais il faut que ce soit un Casimambou qui le fasse, lequel ils mandent chez eux pour cet effet quand ils veulent faire tuer un bœuf ou autre animal pour manger[1] ». L'inexactitude des renseignements historiques contenus dans ce passage ne permet pas d'accepter la date indiquée par Flacourt pour l'arrivée à Madagascar des Zafin-Kazimambu. On sait que les khalifes ne résidèrent jamais à la Mekke et que le khalifat fut anéanti par les Mongols en 1258. J'avais proposé pour étymologie provisoire de *Kazimambu*, le nom suahili *Kazambo*; la suivante me paraît plus vraisemblable. *Kazimambu* pourrait dériver plutôt du nom arabe حاج مبنوة devenu en arabico-malgache حاج منبوة *Hadzi Manbuh* (le ح = *dz* en malgache), puis *Hadzi Mambu* par chute du *s* final[2] et changement euphonique de l'*n* en *m*. Les noms propres prennent régulièrement en malgache le préfixe de courtoisie *Ra*, d'où *RaHadzi Mambu*, dont le *RaHadzi* de Flacourt n'est peut-être que la forme abrégée. Les descendants de Hadzi Mambu prennent le nom de leur ancêtre éponyme et s'appellent *Zafin-Kadzi Mambu* (litt. : les descendants de Hadzi Mambu). Ce composé est si exactement identique au *Zafecasimambou* de Flacourt que cette étymologie nouvelle m'a paru pouvoir être proposée. Dans cette conjecture, les Zafin-Kazimambu ou Zafi-Kazimambu descendraient de RaHadzi, dont le frère, Rakuvatsi, a donné naissance aux Zafin-dRamini.

II

LES CHIÏTES

Les morceaux qui composent le manuscrit 8 du fonds ara-

---

1) *Loc. cit.*, p. 17-18.
2) Nous en avons de très nombreux exemples.

bico-malgache de la Bibliothèque Nationale [1], sont, à l'exception d'un seul, écrit soit en arabe soit en malgache. Le texte des folios 25 à 27 avait particulièrement attiré mon attention : il est rédigé dans une langue différente de celle des autres feuillets. Le titre اسم الله العظيم suivi de l'invocation بسم الله الرحمن الرحيم, indique nettement qu'il s'agit d'une composition musulmane. Certains mots m'avaient frappé par leur homophonie parfaite avec des phonèmes persans. Je fis part de cette impression à M. Clément Huart et lui communiquai une copie du texte en question. Mon savant collègue reconnut l'exactitude de ma conjecture : c'est en effet un texte persan. M. Huart a bien voulu m'en donner la traduction qu'on trouvera plus loin : je le prie d'agréer ici tous mes remercîments pour son aimable collaboration.

Ce texte qui n'est ni daté ni signé est aussi fautif que possible ; on y chercherait en vain une seule phrase correctement écrite. La graphie ne ressemble en rien à l'écriture persane dite *ta'lik* ; elle est, au contraire, identique à la graphie moyenne des textes arabico-malgaches anciens. Les lettres persanes کﺶ et ج sont écrites sans points diacritiques (cf. f° 27 recto کرببرش pour کربب-رش, گربحه هرحه pour هرچه). Enfin, conformément à la phonétique malgache, toutes les consonnes muettes ont été vocalisées : نَيَسْتَ, نَدَارُم, گَربِبِرشِ, هرحَه. Ces indications ne permettent pas d'attribuer cette composition à un Persan immigré. C'est plus vraisemblablement l'œuvre d'un métis perso-malgache qui connaissait très mal la langue du premier ancêtre iranien. Les manuscrits rédigés par des Malgaches descendants de musulmans de langue arabe présentent exactement les mêmes caractères. Les textes arabes de Madagascar qui nous sont parvenus, sont également d'une rare incorrection ; la lecture en est toujours malaisée et la traduction en est généralement lacunaire ou incertaine.

---

1) Pour la description du ms. 8, voir Gabriel Ferrand, *Un texte arabico-malgache du XVI° siècle*, p. 456-458.

## TRADUCTION [1]

Le grand (ineffable) nom de Dieu.

Au nom de Dieu, le clément, le miséricordieux !

« (F 25 recto). Les mérites des beaux et grandioses noms (de Dieu). O excellent sans excès ! O juste sans déviation ! O juge qui n'est jamais destitué ! O constant qui ne badine jamais ! O inspecteur sans pareil ! O voyant qui n'a pas besoin d'aide ! O savant qui n'a pas besoin d'esprit [2] ! O puissant qui n'a pas besoin d'appuis ! O fort qui n'a pas besoin de scruter ! O stable sans....... ! O miséricordieux sans égal ! O victorieux qui n'a point de remplaçants ! O souverain qui est sans ministre ! O doux ! O majestueux ! O bon ! O celui qui n'a pas besoin de....... ! Notre besoin est......., et toi, tu es savant, voyant, intelligent ! O créateur sans aide ! O nourrisseur qui ne compte pas ! O premier sans fin ! O mystérieux sans besoins ! O bon sans limite ! O visible sans (f° 25 verso) forme extérieure ! O mystérieux sans besoins ! O bon sans....... ! O stable qui ne glisse jamais ! O glorieux sans bassesse ! O source qui ne tarit jamais ! O entendant sans maladie ! O créateur sans instruments ! O inventeur sans erreur ! O voyant sans....... ! O puissant qui ne fait pas de blessure ! O donateur sans arrière-pensée ! O bienfaiteur qui ne fait pas de reproches ! O toi qui pardonnes sans....... ! O distributeur sans changement ! O tout-puissant sans orgueil ! O victorieux sans colère ! O prédestinateur sans perturbation ! Sans ta prédestination, aucun projet (de l'homme) ne peut aboutir. O nourrisseur, tu n'es nourri par rien ! Tu es le nourrisseur aimable et sans diminution ! O vivant, qui sans....... n'exis-

---

1) Ce texte persan originaire de Madagascar est actuellement unique. Il m'a donc paru utile d'en publier la traduction intégrale.

2) C'est-à-dire qui n'a pas besoin du canal de l'esprit pour savoir, qui sait par lui-même.

terait pas ! O sultan, qui n'a pas d'homme heureux sans ta souveraineté ! O empire, dont tu n'es jamais destitué ! O donateur qui n'a jamais été fatigué (de donner) ! O entendant, qui ne t'es jamais ennuyé ! O souverain, dont le soleil de la majesté ne souffre pas d'éclipse ! O puissant, dont la lune de la puissance ne souffre pas d'éclipse ! »

« (F° 26 recto). Les flèches de la pensée n'atteignent pas les accidents de la sagesse ; le courrier de la réflexion (ne pénètre pas ?) les secrets de ton empire. Le vin de ta connaissance ne fait pas de mal. O roi ! Par la considération des silencieux de ton service, de ceux qui sont brûlés de ton amour, de ceux qui confessent ton unité, de ceux qui sont satisfaits de ton amour, de ceux qui sont blessés de tes coups, des serviteurs avides de t'obéir, de ceux qui aiment à se rapprocher de toi, de ceux qui sont enflammés de passion pour toi, de ceux qui désirent ton paradis, de ceux qui espèrent en ta miséricorde, de ceux qui confessent ton unité, de ceux qui ont soif de ta boisson ! »

« O toi qui connais les pensées secrètes, qui vois les mystères ; ô toi qui as dans la main tous les fils (des actions), ô toi qui viens au secours de ceux qui sont dans la détresse, ô ami cher de ces infortunés, ô toi dont le nom est la lumière des yeux des aveugles, ô toi qui....... de l'âme des malades, ô ami des bienfaiteurs ! O soutien de ceux qui font le bien, prends les gens fermes ; ô toi qui pardonnes aux pécheurs, ô généreux pour ceux qui te craignent, ô miséricordieux pour ceux qui se repentent, ô (f° 26 verso).......! O guérison des .......! O pardon du Seigneur suprême ! Cache-leur l'insuffisance du discours....... O toi qui exauces ceux qui t'invoquent ! O protecteur des infortunés ! O objet de la recherche de l'âme de ceux qui te désirent ! O aimé de....... des hypocrites ! O protecteur des pauvres, refuge des sans.......! O capital des décavés ! O....... des amis sincères ! O aide de ceux qui sont sans soutien ! O toi qui prends par la main ! O esprit des miséricordieux ! O guide ! O......! O adoré des êtres animés ! O aimé des.......! O santé....... des malades !

O toi qui écoutes ceux qui parlent ! O aide de ceux qui te recherchent ! O mon Dieu ! Par la considération de l'espoir des pécheurs (?) ! Par la considération de...... du désespoir des mendiants (?) ! O toi qui donnes l'objet de leur désir aux désireux ! O...... des désirs ! O toi qui fais parvenir......... ! O toi qui illumines les hommes ! O toi qui connais le secret des cœurs ! O toi qui fabriques les choses ! O toi qui vois les situations et qui écoutes les paroles ! O......... ! O................... ! O toi qui donnes les bienfaits ! O toi qui es dépouillé de tout obstacle ! O toi qui fais connaître les minutes ! O généreux, tu n'as point de fin ! O juste, il n'y a pas moyen de te résister ! O vainqueur, il n'y a point de ruse et de dispute contre toi ! Et à toi n'est pas l'empire selon la croyance du débiteur (*sic*), ô généreux !....... O Seigneur ! Dans l'âme du serviteur...... n'est point le registre de la prédestination. Si je n'ai pas besoin de....... et si je n'ai pas d'obéissance pour....... et si je n'ai pas de protection....... sauf les liens du péché et de la faute....... don et miséricorde, ô Eternel !....... Mon Dieu ! Par la considération....... il n'y a pas de souci, tout ce qu'ils te demandent ».

« Par la considération de Abel, Idrîs [1], Ṣâliḥ, Hûd, Noé, Loth, Jethro, Daniel, Abraham, Ismaël, Isaac, Jacob, Joseph, des douze tribus d'Israël, de Moïse, Aaron, David, Salomon, de l'excellent (?), (de la CXIV[e] sûra du Ḳorân intitulée ?) « les Hommes », de Zacharie, de Dzû 'l-Kifl [2], de K. r. k. r. (*sic*), (f° 27 verso), de Samûraïl, de Jésus, de Moḥammad [que la bénédiction d'Allah soit sur lui et sur toute sa famille !] Par la considération de Gabriel, Michel, Israfîl, 'Izrâïl, Maharaïl (?), Ruḥaḥïl, Rudahiaïl, Kaûiaïl, Rudâ(ïl), Malakaïl, (des anges) porteurs du trône [3] (de Dieu), de Firabâïl, Djaramâïl [4] ! Que les bénédictions de Dieu soient sur eux tous ! »

1) Chacun des noms suivants est précédé de la formule : par la considération de.....

2) Cf. *le Ḳorân*, XXI, 85.

3) *Ḥamalat al-'arš*. Cf. *le Ḳorân*, XL, 7.

4) Ces noms d'anges seront étudiés dans une note consacrée à l'angélologie arabico-malgache.

« Par la considération de Abû Bakr aṣ-Ṣiddîḳ, ʿOmar ibn
al-Khaṭṭab, ʿOthmân ibn Affân, ʿAlî al-Mortaḍâ[1], Saʿd ibn
Abî Uakkâṣ[2], Saʿîd ibn Zaïd[3], Ṭalḥa[4], Zubaïr[5], ʿAbd ar-
Raḥmân (ibn ʾAûf)[6], Abû ʾObaïda (ibn al-Djarrah)[7], Ḥasan,
Ḥosaïn, de Zaïn al-ʾAbidîn, de ʿAlî *akbar*[8], Djaʿfar aṣ-Ṣadiḳ,
Mûsâ (Kâẓim), de (l'imam) ar-Riḍâ, Moḥammad Bâḳir! Par
la considération de notre seigneur Jean (?)[9]. Que Dieu soit sa-
tisfait d'eux tous ! »

Abû Bakr et les neuf personnages cités après ce khalife,
portent le nom collectif de *ʿaśara mubaśśara*, c'est-à-dire les
dix qui ont reçu la bonne nouvelle. Le prophète leur a formellement promis le paradis. Les noms qui suivent sont, à
l'exception de ʿAlî akbâr, les premiers imâms chiïtes de la
dynastie dite « des douze Imâms »[10]. Ils se sont succédé dans
l'ordre suivant :

   I. ʿAlî ibn Abi Ṭâlib. 40 = 661[11].
   II. Ḥasan, 49 = 669.
   III. Ḥosaïn. 61 = 680.
   IV. ʿAlî Zaïn al-ʾAbidîn. 94 = 694.
   V. Moḥammad Bâḳir. 113 = 732.
   VI. Djaʿfar aṣ-Ṣâdiḳ. 148 = 765.
   VII. Mûsâ Kâzim. 183 = 800.
   VIII. ʿAlî ar-Kiḍâ. 202 = 818.

1) Litt. : *Celui en qui (Dieu) se complaît.*

2) Saʿd fut la septième personne qui se convertit à l'Islâm. Il mourut à
ʿAtiḳ en 55 de l'hégire, à l'âge de 79 ans, et fut enterré à Médine. Saʿd commandait les troupes arabes qui conquirent la Perse.

3) Saʿîd embrassa l'Islâm dès sa jeunesse.

4) Petit-neveu d'Abû Bakr. Il sauva la vie au Prophète à la bataille de Oḥod.
Ṭalḥa fut tué à la « bataille du Chameau » et enterré à Baṣra.

5) Zubaïr ibn al-ʿAuûâm était cousin germain du Prophète. Il fut également
tué à « la bataille du Chameau ».

6) L'un des musulmans qui émigrèrent en Abyssinie.

7) Compagnon habituel du Prophète, qui le tenait en particulière estime.

8) ʾAlî l'aîné. Fils de Ḥosaïn et demi-frère de ʿAlî Zaïn al-ʿAbidîn.

9) Le texte porte و بحرمة يـيـجـبي ربند

10) On l'appelle également « secte des duodécimains » d'après le nombre de
ses Imâms.

11) Le premier nombre est la date musulmane, le second la date de l'ère chrétienne correspondante.

La mention de ces Imâms a une importance particulière. Elle nous apprend que l'écrivain de ce texte persan n'appartenait ni à la secte schismatique chiïte des Zaïdites [1] fondée vers 695 de notre ère, ni à la secte schismatique chiïte des Ismaëliens qui prit naissance en 765 [2], mais à celle des chiïtes orthodoxes ou Imâmites [3]. C'est la seule indication certaine que fournisse la liste généalogique précédente. On ne saurait conclure de ce qu'elle s'arrête à 'Alî ar-Riḍâ, que la migration perso-chiïte dont ce texte nous a conservé le souvenir, est arrivée à Madagascar sous le règne de ce prince, c'est-à-dire entre 800 et 818 de l'ère chrétienne. Cette date n'a, il est vrai, rien d'invraisemblable, mais elle ne pourrait être admise que si elle était attestée par des documents plus précis que l'extrait du manuscrit 8. En résumé, il ressort du texte précédent que des perso-chiïtes ont émigré sur la côte orientale de Madagascar. Le témoignage du manuscrit 8 est une véritable révélation, car rien encore, quoi qu'on en ait dit, ne permettait de soupçonner l'existence d'une ancienne colonie persane dans la grande île africaine. Si le fait de la migration est incontestable, les circonstances qui l'ont accompagné nous sont encore inconnues et, en l'état de nos connaissances, aucune conjecture vraisemblable ne peut être proposée à ce sujet. Nous ne pouvons donc que l'enregistrer en espérant que d'autres manuscrits nous fourniront sur ce point les renseignements complémentaires désirables. D'après Gevrey [4], des Persans de Chîrâz auraient émigré sur la côte orientale d'Afrique et de là aux Comores et à Madagascar, vers 322 = 934, à la suite de la prise de Chîrâz par les

1) Sectaires qui prirent Zaïd comme chef et refusèrent de reconnaître l'autorité de l'Imâm orthodoxe Moḥammad Bâḳir. De là leur nom de *Zaïdiya* ou Zaïdites.

2) Ismâ'îl, fils aîné de Dja'far aṣ-Ṣâdiḳ, fut déshérité de ses droits à l'imâmat par son père, pour avoir été rencontré en état d'ivresse. A la mort de Dja'far, un certain nombre de Chiïtes le prirent pour chef malgré l'interdiction paternelle et constituèrent une secte schismatique qui prit le nom de *Ismâ'îliya*

3) De l'arabe *Imâmiya*.

4) *Essai sur les Comores*, Pondichéry, in-8, 1870.

Bouides[1]. Le même auteur rapporte qu'une seconde migration perso-chiïte également originaire de Chîraz et conduite
par Moḥammed ibn ʿAïsâ, serait arrivée aux Comores et à
Madagascar vers 1506. « Peu après les Portugais, rapporte
Gevrey d'après un manuscrit de Mayotte[2], il est venu beaucoup d'hommes de Chirazi (*sic*) vers la Palestine (*sic*), pour
rester dans les îles. Ils sont partis de Palestine au nombre de
sept boutres. Le premier aborda à Souahéli, le deuxième à
Zanzibar, le troisième à Tonguy, le quatrième à Gongué (?),
le cinquième à Gazizad (Ngazidia, la Grande Comore), le
sixième à Anjouan et le septième à Bouéni, sur la côte (nord-
ouest) de Madagascar. Dans chacun de ces boutres, il y avait
un prince de Chirazi (*sic*) et tous professaient la religion
mahométane et dans tous les pays cités plus haut, il y eut un
prince de Chirazi qui régna ». La date de cette dernière migration correspond à celle qu'indique Flacourt pour l'arrivée
des Zafin-Kazimambu, mais, d'après l'auteur de l'*Histoire
de la grande isle de Madagascar*, ces musulmans venaient de
la Mekke : il ne peut donc s'agir de chiïtes persans. La non-
concordance de ces divers renseignements, leur imprécision
et les erreurs géographiques et historiques qu'ils contiennent,
ne permettent pas d'en faire état et d'en tirer une date
moyenne. L'une ou l'autre peut être exacte, mais nous manquons absolument de critère pour faire un choix motivé
entre le ixe, le xe et le xvie siècles)[3].

1) *Loc. cit.*, p. 76.
2) *Loc. cit.*, p. 79.
3) La présence simultanée dans le manuscrit 8 d'un texte persan et d'une
invocation en l'honneur de deux fondateurs de rites orthodoxes (*vide supra*,
p. 389), constitue un fait remarquable et caractéristique. Elle indique que les
Malgaches avaient oublié le caractère contradictoire des doctrines sunnite et
chiïte, et s'il y eut lutte entre les immigrés orthodoxes et schismatiques, le souvenir même en avait disparu à l'époque où fut rédigé le ms. 8, c'est-à-dire vers
la fin du xviie siècle ou le commencement du xviiie (*vide supra*, p. 391 et la
note 1).

## III

### LES JUIFS

Dans son *Histoire de la grande isle Madagascar*, Flacourt mentionne à plusieurs reprises une migration juive. « Ceux que j'estime être venus les premiers à Madagascar, dit-il, ce sont les *Zaffe-Hibrahim*, ou de la lignée d'Abraham, habitans de l'île de Sainte-Marie et des terres voisines ; d'autant qu'ayant l'usage de la Circoncision, ils n'ont aucune tache du Mahométisme, ne connaissent Mahomet ni ses caliphes, et réputent ses sectateurs pour *Caffres* et hommes sans Loi, ne mangent point et ne contractent aucune alliance avec eux. Ils célèbrent et chôment le Samedi et non le Vendredi comme les Maures, et n'ont aucun nom semblable à ceux qu'ils portent ; ce qui me fait croire que leurs ancêtres sont passés en cette île dès les premières transmigrations des Juifs, ou qu'ils sont descendus des plus anciennes familles des Ismaélites dès avant la captivité de Babylone, ou de ceux qui pouvaient être restés dans l'Égypte environ la sortie des enfants d'Israël. Ils ont retenu le nom de Moïse, d'Isaac, de Joseph, de Jacob et de Noé[1] ».

« Cette île (Madagascar), dit-il ensuite, se divise en plusieurs provinces et régions gouvernées par diverses nations toutes d'un même langage mais de différentes couleurs, mœurs et sans religion, hormis ceux qui se nomment Zafferamini (Zafin-dRamini) de la bande du Sud qui sont entachés de quelques superstitions de Mahomet, et d'autres vers la bande du Nord qui se disent *Zaffehibrahim*, c'est-à-dire : *lignée d'Abraham*, qui tiennent quelque coutume du Judaïsme et ne connaissent pas Mahomet[2]. » — « (Les indigènes qui

---

1) P. iii de l'avant-propos.
2) P. 3.

habitent la partie de la côte orientale comprise entre Tamatave et Mangabe), dit-il encore, sont tous provenus d'une même lignée qu'ils nomment *Zaffehibrahim*, c'est-à-dire *race d'Abraham*. Ils ne connaissent point Mahomet et nomment ceux de sa secte *Cafres*. Ils reconnaissent Noé, Abraham, Moïse et David, mais ils n'ont aucune connaissance des autres Prophètes ni de Notre Sauveur Jésus-Christ. Ils sont circoncis, ils ne travaillent point le Samedi, ils ne font aucunes prières ni jeûnes, mais seulement des sacrifices de Taureaux, Vaches, Cabris et Coqs. Ils ne châtrent point les Taureaux ni autres animaux, ni même n'arrêtent point le tabac, à cause que les Chrétiens appellent cela *châtrer*, cela leur étant défendu par leurs coutumes. Ils se sentent un peu du Judaïsme, ils sont fort hospitaliers et assistent un chacun ; il n'y a point de pauvres ni de fainéants parmi eux, chacun travaille à la terre et les esclaves ne sont pas avec eux en qualité d'esclaves, mais leurs maîtres les nomment leurs enfants, ils leur donnent librement leurs filles en mariage, quand ils s'en rendent dignes par leurs services[1]... Ils sont adonnés à la géomance qu'ils nomment *Squille (Sikili)*, ne font rien et n'entreprennent aucun voyage ni aucune chose à faire qu'ils n'aient premièrement *Squillé*[2]. Ce sont les meilleures personnes qui soient en cette île, ils ne sont nullement traîtres ni adonnés à tuer ni massacrer ; s'il y a quelque Nègre qui ait dérobé, ils le rachètent plutôt que de permettre qu'on le tue[3]....... Il y a bien cinq ou six cents habitants dans toute l'île (Sainte-Marie) qui se disent tous *Zaffehibrahim* et le Grand (chef) s'appelle Raignasse ou Raniassa fils de Ratsiminon[4]. C'est le Chef qui est reconnu de tous et chef de la race d'Abraham de cette île et de la grande terre[5]. »

1) P. 22-23.

2) Flacourt a francisé le mot *Sikili* en *squille*, d'où le verbe *squiller*, consulter le sort au moyen du Sikili.

3) P. 25.

4) Ratsiminon est un nom nettement malgache ; celui de son fils paraît également indigène. Ni l'un ni l'autre ne sont des noms juifs.

5) P. 30.

« Cette nation (de l'île Sainte-Marie) est très supertitieuse, dit encore Flacourt, et quand ils devraient mourir de faim, ils ne voudraient pas manger d'une bête, ou volaille à laquelle nous aurions coupé la gorge, ni manger dans la *villangue* (*vilani*) ou pot où nous aurions fait cuire notre manger, à moins que ce ne fût le *Philoubéi* (*Filu-be*) qui eût coupé la gorge aux volailles ou à la bête dont nous mangerions la viande. Quand le *Filu-be* veut couper la gorge, il prononce quelques paroles sur son couteau en élevant les yeux au Ciel [1] comme s'il sacrifiait la bête et aussitôt lui coupe la gorge. Ils célèbrent le Samedi, auquel jour ils ne travaillent point à leur plantage et pour leurs raisons, ils disent que s'ils travaillaient ce jour-là qu'ils se blesseraient ou qu'il leur arriverait quelque maladie. Ils appellent *Cafiri* ceux qui ne sont pas de la même nation qu'eux. Ils ne gardent aucune Loi ni Religion et ils ne savent (ce) que c'est que prier Dieu qu'ils honorent toutefois et lui font des sacrifices. Ils n'ont aucun Temple si ce n'est les *Amounouques* (*Amunuku*) ou sépulcres où sont enterrés leurs Ancêtres, la mémoire desquels ils ont en grande vénération ainsi que font tous ceux de cette île (Madagascar). Les hommes et les femmes se barbouillent le visage tantôt de blanc et tantôt de noir, tantôt de rouge, tantôt de jaune avec diverses sortes de choses, ce qu'ils font quand ils sont malades et qu'ils ont quelque mal aux yeux et à la tête, ou bien les femmes vieilles pour se conserver leur teint frais afin de l'empêcher de rider. Les femmes et filles ne sont pas si débordées que du côté d'Androbeisaha (Androbaizaha) et des Matatanes (Matatana), avec lesquelles il est aussi difficile d'avoir accès comme en France, car les pères et mères les gardent aussi soigneusement....... Quand les femmes accouchent le Mardi, le Jeudi et le Samedi, ils jettent les

---

1) « Il n'y a que ceux qui savent une certaine prière qu'ils nomment *mivoreche* (*mivurika*) qui ont la faculté de couper la gorge aux bêtes (Flacourt, *loc. cit.*, p. 22) ». Ainsi que l'a indiqué M. de Goeje à M. A. Grandidier (*Origine des Malgaches, loc. cit.*, p. 94, notule a), la *uoratka* arabe est une petite feuille de papier sur laquelle ou inscrit des formules magiques.

enfants et les abandonnent dans le bois, si ce n'est qu'il y ait quelque femme qui en ait pitié qui les allaite, ainsi que j'en ai vu plusieurs qui ont été nourris par d'autres. Tous ces gens-ci s'appellent entre eux, savoir : les Grands, *Zafhibrahim* (*sic*) du nom de l'île Sainte-Marie qui s'appelle Nossi Hibrahim, dont ils sont tous descendus, comme qui dirait *Ile d'Abraham* ; et eux, la lignée d'Abraham. C'est ce qui me fait croire qu'ils sont descendus de quelque lignée de Juifs ou d'Arabes (*sic*) qui dès longtemps se sont venus réfugier en ce pays ; d'autant qu'ils ont le Samedi pour bon jour ; même il y a ici des hommes, femmes et enfants bien plus blancs que vers les Matatanes (Matataña) et Androbeisaha (Androbaizaha) et qui ont les cheveux aussi droits. Leurs danses et chansons sont autrement qu'à Androbeisaha et parmi leur chant, il y a quelque mélodie et dansent en cadence deux à deux en étendant les bras, et chantent aussi en dansant. Toutes leurs chansons ne tendent qu'à l'amour et font des postures assez lascives ; le frappement des mains de tous les assistants leur sert de mesure [1]. » — « (Les habitants de) l'île Sainte-Marie, dit-il enfin, ne veulent point contracter alliance avec les Chrétiens quoi qu'ils soient bienvenus avec eux, et ce d'autant qu'ils tiennent encore de quelque ancienne coutume du Judaïsme [2]. »

François Martin qui résida de 1665 à 1668 sur la côte malgache voisine de l'île Sainte-Marie, rapporte que les indigènes « ne font aucun exercice de religion ; ils avouent pourtant qu'il y a un Dieu qu'ils reconnaissent pour l'auteur de tous les êtres, qu'ils font tout bon ; ils le nomment *Zanhaar* (*Zanahari*)....... Ils craignent fort le diable qu'ils nomment *Belitche* (*Iblîs*) ; ils le font auteur de tous les maux et ils lui donnent le premier morceau des bêtes qu'ils sacrifient....... Ils ont du respect pour le Samedi ; ils ne travaillent pas ce our là à leurs plantages ; l'observation particulière de ce jour, leur circoncision et l'aversion de quelques-uns de manger du

---

1) P. 306-308.
2) P. 457.

porc font connaître que quelques Juifs ou des personnes de cette religion ont été autrefois dans cette contrée, qu'ils y ont instruit les peuples et qui leur en est resté des coutumes »[1].

Les renseignements fournis par Flacourt sur les Malgaches de l'île Sainte-Marie et de la côte voisine, contiennent trois indications très nettes : 1° ils nomment ceux de la secte de Mahomet *Caffres* ; 2° ils appellent *Cafiri* ceux qui ne sont pas de la même nation qu'eux; 3° il sont adonnés à la géomance qu'ils nomment *Squille* (Sikili). L'étymologie de *Caffre, Cafiri* est bien connue : ce mot dérive de l'arabe *Kâfir* dont *Kafiri* est la forme malgachisée, qui signifie *infidèle, celui qui ne croit pas au dieu unique de l'Islâm ni au prophète Moḥammad*. Le sens de cette épithète exclusivement islamique, n'en permet l'emploi qu'à un musulman et l'application qu'à un non-musulman. La première indication de Flacourt est donc manifestement inexacte, car il n'existe pas de non-musulmans « nommant ceux de la secte de Mahomet *Caffres* ». Il est aussi impossible de concevoir un musulman *Kâfir* qu'un chrétien payen : les deux termes sont antinomiques. D'autre part, les Malgaches de Sainte-Marie traitent de *Kafiri* ceux qui ne sont pas « de la même nation qu'eux », c'est-à-dire de même origine et par conséquent de même religion. Il ne peut y avoir aucun doute sur la religion pratiquée par ceux qui « appellent *Kafiri* » leurs non-contribules : ce sont des musulmans.

Le fait que ces mêmes indigènes « sont adonnés à la géomance appelée *Squille* », c'est-à-dire *Sikili* ou *Sikidi* est une preuve nouvelle de leur islamisation. J'ai indiqué déjà l'étymologie de *Sikili* : c'est la forme malgachisée de l'arabe *šikl; figure*. L'art divinatoire malgache procède directement de la géomancie arabe dite « science du sable », qui se compose de 16 figures formées initialement par des combinaisons de trous dans le sable, ensuite par des combinaisons

---

1) *Manuscrit des Archives Nationales*, p. 311 in A. Grandidier, *L'Origine des Malgaches*, p. 94, note 1.

de points inscrits sur une planchette ou sur du papier. Le terme arabico-malgache *sikili* (Merina : *Sikidi*) désigne l'ensemble des pratiques de géomancie usitées dans la grande île africaine [1]. Le nom spécial de chacune des figures du Sikili et toute la terminologie divinatoire malgache sont nettement arabes. L'introduction du Sikili ne peut donc être attribuée à une migration juive ; c'est au contraire un témoignage certain d'islamisation.

D'après François Martin qui visita la côte voisine de l'île Sainte-Marie treize ans après Flacourt, les indigènes croient à un Dieu créateur « qu'ils font tout bon ; ils le nomment Zañahari..... Ils craignent fort le diable qu'ils nomment Belitche ». Celui-là est la divinité suprême de toutes les peuplades malgaches, celui-ci le démon islamique Iblîs. La croyance à Zañahari et Iblîs ne peut donc, en aucun cas, être attribuée à une migration juive. Flacourt et François Martin constatent « qu'ils célèbrent et chôment le samedi ». Le caractère férié du samedi a été considéré comme le souvenir d'une colonisation juive antérieure, mais c'est une simple coïncidence qui ne peut infirmer les preuves d'islamisation précédentes. Le repos hebdomadaire du samedi a dû être vraisemblablement édicté par les sorciers à la suite d'un événement qui avait rendu néfaste le vendredi. Flacourt dit expressément qu'ils s'abstiennent le samedi de travaux agricoles parce qu'ils croient « qu'ils se blesseraient ou qu'il leur arriverait quelque maladie ». Cette explication caractéristique indique bien qu'il s'agit ici de l'observation d'un *fadi* ou tabou [2] : tout individu qui l'enfreindra en travaillant, se blessera ou tombera malade, il sera ainsi puni de sa violation du tabou tribal. Cette interprétation est d'autant plus plausible que le repos du samedi n'implique pas la consécration de ce jour spécial à la

---

1) Sur le *Sikili* ou *Sikidi*, cf. mes *Musulmans à Madagascar*, t. I, Paris, 1891, in-8, p. 73-100.

2) Cf. sur les tabous malgaches l'excellent étude que leur a récemment consacrée M. Arnold van Gennep (*Tabou et totémisme à Madagascar*, Paris, 1904, in-8).

divinité. Comment, enfin, Jahvé n'est-il pas connu de ces prétendus judéo-malgaches? Peut-on concevoir une peuplade d'origine juive ignorant jusqu'au nom du dieu d'Israël et ayant cependant conservé la tradition du sabat? A défaut d'autres arguments, l'absence du culte rendu à Jahvé suffirait pour infirmer toute hypothèse de migration juive.

Les autres particularités rapportées par Flacourt et François Martin n'impliquent pas plus que les précédentes, une descendance juive. Le refus par les indigènes de Sainte-Marie de contracter alliance avec d'autres Malgaches ou des chrétiens est un phénomène endogamique d'un caractère universel. Le monopole réservé aux chefs de l'abattage des animaux, la vénération des ancêtres et des tombeaux, l'abandon des enfants nés un jour néfaste, les sacrifices d'animaux pour obtenir la guérison des malades, le maquillage pendant les maladies sont des traits de mœurs communs à presque toutes les tribus de la grande île africaine. La circoncision et l'abstinence du porc ne sont des coutumes ni exclusivement juives ni même exclusivement sémites ; elles ne peuvent pas être retenues davantage.

« Valigny[1], dit M. A. Grandidier, rapporte qu'une des femmes du roi Betsimisaraka Ratsimilaho s'appelait Rachel. Quant à moi, j'ai trouvé le nom d'Isaka (Isaac) chez les habitants de la côte orientale, et, sans y attacher plus d'importance qu'il n'y a lieu, je ferai remarquer qu'on trouve dans la langue malgache des mots tels qu'*Abili*, malheureux[2] ; *Evà*, beauté ; *Adana*, majestueux, tranquille ; *Kahana*, menaçant,

---

1) Valigny a vécu à Sainte-Marie de 1750 à 1758 et y est revenu en 1763. J'ai cité seulement les témoignages de François Martin et de Valigny parce qu'ils avaient habité spécialement la région voisine de Sainte-Marie ou l'île elle-même. Nous ne connaissons leur relation encore inédite que par les extraits qu'en ont été publiés par M. A. Grandidier. Les renseignements fournis par les auteurs anciens ou modernes reproduisent généralement la thèse de Flacourt sans y rien ajouter ; il est donc inutile de les rappeler.

2) *Abili* est la forme malgache sud-orientale de l'arabe *'abd* et signifié strictement *esclave*. Cf. *Dictionnaire malgache-français*, Ile Bourbon, 1853, sub verbo *Abily*.

méchant ; *Sata*, mauvais ; *Nuana*, qui bouleverse ; etc., qui rappellent les noms bibliques d'Abel, d'Eve, d'Adam, de Caïn, de Satan, de Noé, etc., et dont la signification s'accorde avec le rôle que ces différents personnages ont joué d'après les Écritures (*sic*)[1] ». Valigny et M. A. Grandidier n'ont pas tenu compte de ce fait pourtant bien connu, que la transcription française des noms de personnages bibliques est généralement fautive. Si ces noms étaient passés de l'hébreu en malgache, nous devrions retrouver en judéo-malgache la forme hébraïque initiale. L'hébreu *Rahel* (Arabe : *Râḥil*) ne peut donner en malgache que *Raheli* ou *Rahili*. Nous n'avons pas d'exemple de gutturale sémitique *h* aboutissant à la palatale spirante malgache *š*. Les formes judéo-malgaches de Abel, Eve, Noé, Isaac, Satan devraient être respectivement *Hebeli* ou *Hibili*, *Hava*, *Nuha*, *Isehaki* ou *Isihaki*, *Šatani*, de l'hébreu *Hebel*, *Havva*, *Nôha*, *Isehâk*, *Šâtân*[2]. Enfin, les phonèmes malgaches *eva*, *adana*, *kahana*, *sata*, *nuana* sont usités dans presque tous les dialectes orientaux et nord-occidentaux et dans quelques dialectes du centre. La prétendue migration juive aurait donc rayonné sur les deux côtes, de Majunga à Vangaindranu, et pénétré même dans l'Imerina !

Le nom indigène de l'île Sainte-Marie est, d'après Flacourt, *Nosi Hibrahim* et celui de ses habitants *Zaffehibrahim* pour *Zafi-h-Ibrahim*[3]. Ces deux noms signifient : *île, descendants d'Abraham*, ajoute-t-il. Si les colons sémites de l'île avaient été des Juifs, nous aurions la forme judéo-malgache *Abrahamu* et plus correctement *Aburahamu*. La leçon *Ibrahim*[4] est, au contraire, nettement arabe. *Nosihibrahim*, *Zafihibrahim* signifient bien, *île, descendants d'Abraham*, mais c'est d'un Abraham

---

1) *L'origine des Malgaches*, *loc. cit.*, p. 95, notule *a*.

2) La forme arabe des mêmes noms est : *Hâbîl*, *Haûâ*, *Nûh*, *Ishâk*, *Šaṭân*.

3) L'*h* entre tirets est purement orthographique.

4) Pour *Iburahima* ou *Burahima* ; le groupe *br* n'existe pas en malgache. Le ms. 7 du fonds arabico-malgache de la Bibl. Nat. donne, f° 73 verso, la leçon *RaBurahima* (les noms commençant par un *alif* perdent cette initiale en prenant le préfixe *Ra*), et le ms. 6 du même fonds, f° 13 recto et 14 verso, *Iburahima*. C'est la seule forme arabico-malgache correcte.

musulman et non d'un Abraham juif qu'il s'agit. Le nom
moderne de l'île Sainte-Marie *Burahi*[1], rappelle du reste
l'arabe *Ibrâhîm* dont il n'est que la forme apocopée et vocali-
sée conformément à la phonétique malgache[2].

De 1670 à 1870, la plupart des auteurs traduisent comme
Flacourt *Nosi Ibrahim* par *île d'Abraham*, considèrent la circoncision comme une trace évidente de Judaïsme et ces
arguments leur paraissent décisifs. Un texte découvert à
Mayotte et publié en 1870[3] sembla confirmer heureusement
la théorie généralement admise. « D'après un manuscrit
arabe, écrit à Mayotte et fort curieux malgré les nombreuses
erreurs et contradictions qu'il renferme, dit Gevrey, les
Comores eurent pour premiers habitants des Iduméens ou
des Arabes qui s'y établirent peu après le règne de Salomon.
Ce manuscrit, traduit de l'arabe en souahéli par Saïd Omar,
et, du souahéli en français par Bonali Combo[4], interprète du
Tribunal, commence ainsi : « *Voici l'histoire des temps anciens
dans les îles Comores c'est-à-dire Gazizad, Andjouan, M'Héli
et M'Ayâta*[5]. *Nos aïeux nous apprirent que des quatre îles
Comores Gazizad fut habitée la première, après la venue du
prophète Salomon-ben-Daoudou, que la paix de Dieu soit avec
lui. A cette époque apparurent deux Arabes, venant de la Mer
Rouge avec leurs femmes, leurs enfants et leurs domestiques
ou esclaves. Ils s'établirent à la Grande Comore. Après il
arriva beaucoup d'hommes d'Afrique, de la côte de Zanguebar,
pour habiter dans les îles*[6] ». Le sens de ces lignes est très net :
d'après le manuscrit de Mayotte, la Grande Comore aurait

1) Et non *Buraha* comme l'orthographie M. Grandidier (*Origines des Malgaches*, p. 92, note 4). Cf. mes *Contes populaires malgaches*, Paris, 1893,
p. 145 et Dalmond, *Vocabulaire et grammaire Sakalave et Betsimisara*, île
Bourbon, 1842, in-8, p. 117-119.

2) Peut-être aussi de l'arabe *Burath*, diminutif de *Ibrâhîm*.

3) Gevrey, *Essai sur les Comores*.

4) Buana 'Ali Kombo.

5) Gevrey, qui n'était pas orientaliste, transcrit les noms arabes très in correctement. Cf. *Baïssa* pour '*Isâ*.

6) *Loc. cit.*, p. 73-74.

été colonisée, sous le règne de Salomon, par deux Arabes venus de la Mer Rouge. Gevrey est d'avis que ces Arabes étaient des Iduméens, mais c'est une simple opinion personnelle. M. A. Grandidier qui a utilisé ce passage l'a ainsi remanié : « A l'époque de Salomon fils de David, deux Arabes ou IDUMÉENS, venant de la Mer Rouge avec leurs femmes, leurs enfants et leurs esclaves, s'établirent à la Grande Comore[1]....... » L'auteur de l'*Origine des Malgaches* conclut de cette citation inexacte à la colonisation de Madagascar par les Iduméens. On vient de voir qu'elle a pour unique origine l'interpolation du mot « Iduméen » dans le texte original. M. A. Grandidier qualifie d'*ancien* le manuscrit de Mayotte[2]. Il y a interpolation encore ; Gevrey dit seulement : un manuscrit arabe écrit à Mayotte.

L'écrivain du manuscrit de Mayotte commence son récit par une phrase caractéristique : « Nos aïeux nous apprirent, dit-il,....... ». Cette entrée en matières indique qu'il rapporte une tradition populaire oralement transmise. L'historicité de ce texte est donc extrêmement contestable. La date d'arrivée de la migration arabe à la Grande Comore, correspondant au $X^e$ siècle avant notre ère, ne peut être acceptée sur cet unique témoignage. Elle ne saurait être admise sur la simple affirmation d'un historiographe anonyme qui, cinq pages plus loin, place « vers la Palestine » la ville persane de Chîrâz[3]. En ce qui concerne l'objet spécial de cette note, le texte de Mayotte dont nous ne connaissons ni l'auteur, ni la date de rédaction, dont la double traduction de l'arabe en suahili et du suahili en français présente toutes les chances possibles d'erreur, ne contient en somme aucune indication de migration juive aux Comores. Cette légende historique me paraît plutôt rappeler le souvenir d'une migration arabe post-islamique dont l'arrivée aurait été inconsciemment reculée d'une vingtaine de siècles. Les anachronismes de ce genre ne sont

---

1) *L'Origine des Malgaches*, p. 92, note 2.
2) « Un ancien manuscrit arabe, trouvé à Mayotte... (*loc. cit.*, p. 92) ».
3) *Essai sur les Comores*, p. 79.

pas rares chez les Orientaux. Les musulmans, par exemple, confondent fréquemment Marie, mère de Jésus, avec une sœur de Moïse du même nom.

M. A. Grandidier reproduit une seconde hypothèse au sujet de la prétendue migration iduméenne. « Le R. P. Callet, qui ne croit pas que les Malais aient pu être poussés à Madagascar par les moussons ni que les Chinois (?) aient jamais eu de flottes capables d'exécuter d'aussi grands voyages, dit-il, pense que ce sont des Iduméens qui, partant d'Arabie, ont peuplé, les uns, la Malaisie, les autres, Madagascar. L'objection qu'on peut faire à cette manière de voir, ajoute ce missionnaire, est qu'on n'a pas encore trouvé de traces de leur passage sur la côte Est d'Afrique (*sic*)[1] ». Le P. Callet ne connaissait pas mieux l'histoire ancienne de l'Orient classique que celle de la Malaisie ; sa conjecture en est une preuve évidente et elle n'est même pas à discuter.

Sur le témoignage des auteurs précédemment cités, M. A. Grandidier conclut à la colonisation de Madagascar par les Juifs. « Il ne semble pas douteux que les Juifs ont été les premiers à fonder quelques colonies plus ou moins volontaires au milieu des nègres orientaux venus antérieurement de l'Indo-Océanie, mais leurs descendants sont tellement mêlés aux autres habitants que si, au xviie siècle, du temps de Flacourt et de François Martin, il en restait encore quelques traces dans l'île de Sainte-Marie et sur la côte voisine, il est impossible aujourd'hui de les retrouver avec quelque certitude. Ce n'est pas qu'il n'y ait, dans toutes les peuplades malgaches, un vieux fonds d'idées qui semblent dériver directement de la civilisation juive antérieure à Salomon, mais si l'on se reporte au paragraphe 2 du chapitre II de l'*Origine des Malgaches*, on verra qu'il en est de même des habitants de la vaste région indo-océanienne et, comme les caractères anthropologiques et linguistiques de la masse des Malgaches ne laissent aucun doute sur la région dont ils sont issus et où

---

1) *L'origine des Malgaches*, p. 99, note  .

se retrouve cette même civilisation, il n'est pas besoin de supposer que ce sont des Juifs venus à Madagascar qui l'ont importée, puisque les premiers immigrants avaient déjà cette religion et ces mœurs. Ces us et coutumes ont-ils été apportés dans l'Extrême-Orient par des Iduméens, c'est ce que j'ignore[1]. Cependant, si l'ensemble des croyances et des mœurs n'est point dû, à Madagascar, à l'influence directe des Juifs, certains usages, tels que la danse dans les cérémonies religieuses et la géomance, par exemple, semblent devoir leur être attribuées, ainsi que la connaissance des constellations du zodiaqne et la computation du temps, division de l'année en douze mois lunaires et de la semaine en sept jours[2] ».

La question est ainsi mal posée. L'ethnographie, l'anthropologie et la linguistique « ne laissent aucun doute sur la région dont la masse des Malgaches sont issus » : ils appartiennent à la famille malayo-mélano-polynésienne. Nous avons, d'autre part, les preuves incontestables de migrations musulmanes sur les côtes orientale et nord-occidentale de la grande île africaine. Pour établir sinon avec certitude, tout au moins avec vraisemblance, qu'une migration juive a colonisé l'île Sainte-Marie et la côte voisine, il faudrait pouvoir retrouver des traces, non pas d'influence sémitique, mais d'influence juive. La circoncision, les noms d'Abraham, Moïse, Joseph, Jacob, Noé sont communs aux Juifs et aux Arabes. Les principaux prophètes d'Israël ont été adoptés par l'Islâm et plusieurs d'entre eux sont mentionnés dans le Korân. La forme malgache de ces noms bibliques indique, du reste, qu'ils sont dérivés non pas de l'hébreu, mais de l'arabe. La thèse adoptée par M. Grandidier et par tous les malgachisants ne pourrait être reconnue exacte qu'autant qu'on constaterait à Madagascar l'existence de coutumes exclusivement juives, c'est-à-dire étrangères aux Arabes et aux Malayo-mélano-polyné-

----

1) Ici se trouve en note l'hypothèse du P. Collet reproduite plus haut.
2) *L'origine des Malgaches*, p. 96-99.

siens ; et, en malgache, des formes dérivées d'hébraïsmes
tels que *Jahvé* ou *Goyyim*. Aussi bien en ethnographie qu'en
linguistique, la théorie judéo-malgache ne peut être pro-
bante qu'à ce prix. Les Arabes qui ont beaucoup emprunté
aux Juifs, ont naturellement transmis ces emprunts à toutes
les populations islamisées. La géomancie malgache appelée
*Sikili* et le système de computation du temps en usage à
Madagascar sont, pour M. A. Grandidier, des témoignages
d'influence juive. J'ai montré que le *Sikili* est d'origine
arabe ; les noms des jours de la semaine, des mois lunaires
et des vingt-huit mansions lunaires mensuelles sont également dérivés de l'arabe[1]. M. Grandidier cite enfin trente-
deux coutumes malgaches « ayant trait à la religion qui rappellent des coutumes juives », mais quelques-unes de ces
coutumes malgaches sont en usage chez les Merina[2], les
Sakalava[3], les tribus de l'Est[4], les Zafi-Rambu du Sud-Est, et
d'autres sont communes à toutes les tribus de la grande île
africaine[5]. Ce n'est donc pas seulement Sainte-Marie, mais
Madagascar tout entier qui aurait été colonisé par les Juifs.
En réalité, il n'y a pas eu à Madagascar de migration juive.
L'état de nos connaissances n'autorise non seulement aucune
affirmation, mais même aucune conjecture à cet égard. Le
témoignage de Flacourt qui n'a résidé à Sainte-Marie que du
10 octobre au 18 novembre 1652, est décisif : « Les Malgaches qui appellent *Kafiri* ceux qui ne sont pas de leur
nation », ne peuvent être que des musulmans. Cornélis de
Houtman qui fit escale à Sainte-Marie en janvier 1596, rapporte que le souverain de l'île est appelé « le cheik »[6] ; Fré-
déric de Houtman en 1603, François Martin en 1664, cons-

1) Cf. in *Journ. Asiat.*, novembre-décembre 1903, ma note sur *L'élément
arabe et souahili en malgache ancien et moderne*, p. 451 et suiv.

2) *L'origine des Malgaches*, p. 98, notule *b*.

3) *Ibid.*, p. 96, notule *b*, p. 97, notule *b*.

4) *Ibid.*, p. 97, notule *c* et p. 96, notule *b*.

5) *Ibid.*, p. 97, notules *c*, *f*, *g*, *h*.

6) *Collection des ouvrages anciens concernant Madagascar*, éd. A. et G. Grandidier, Paris, 1903, in-8, p. 203.

tatent que les indigènes de cette région désignent le diable sous le nom de *Rabbadisse* [1], *Belitche*, c'est-à-dire *Iblis* : ce sont, ajoutées aux précédentes, des preuves certaines d'islamisation. Flacourt ajoute « qu'ils ne connaissent ni Mahomet ni ses Caliphes ». M. René Basset pense que les colons arabes de Sainte-Marie étaient peut-être des Khâridjites [2]. « Cette hypothèse, ajoute E. F. Gautier, expliquerait leur haine pour les autres mahométans, mais non pas leur ignorance du nom même de Mahomet. Il serait plus simple de les admettre pré-islamiques et de supposer que le mot *Kâfir* et l'institution du *Sikili* ont été empruntés par eux à leurs voisins les conquérants musulmans du sud-est [3]. » Mais M. Gautier reconnaît quelques lignes plus haut que « le mot *Kâfir* n'est concevable que dans la bouche d'un musulman et que le *Sikili* ne peut avoir été qu'une importation musulmane [4] ». Les Malgaches de Sainte-Marie étaient donc islamisés au XVIIe siècle puisqu'ils traitaient de *Kâfir* leurs non-contribules. Étant islamisés, ils ne pouvaient pas ignorer le nom du Prophète. L'inexactitude des informations de Flacourt à ce sujet est si évidente qu'on ne peut faire état de son témoignage. Nous savons, du reste, qu'il n'a séjourné qu'une quarantaine de jours dans cette région et qu'il n'a pas eu, par conséquent, le temps matériel nécessaire pour faire une enquête ethnographique sérieuse et complète.

Je crois volontiers, avec l'éminent directeur de l'École des Lettres d'Alger, que les musulmans de Sainte-Marie et de la côte voisine étaient des Khâridjites, et plus exactement des Ibâḍites. J'indiquerai dans une note spéciale les raisons qui m'ont fait adopter cette conjecture.

1) *Ibid.*, p. 351. Houtman l'a traduit inexactement par *enfer* au lieu de *diable*. *Rabbadisse* est pour *RaBadisi*, de *Ra* + *Iblis*. L'*l* est changé en *d* conformément à la phonétique des dialectes du Nord et du Centre.

2) Hypothèse suggérée à M. Gautier in *Madagascar, Essai de géographie physique*, Paris, 1902, in-8, p. 314.

3) *Ibid.*, p. 314.

4) *Ibid.*

Angers. — Imp. A. BURDIN et Cie, 4, rue Garnier.

9 782019 934118